CAÍDAS

SANTIAGO ALBA RICO

CAÍDAS

XXXIV Premio de Poesía Jaime Gil de Biedma

VISOR LIBROS

VOLUMEN MCCXXXIX DE LA COLECCIÓN VISOR DE POESÍA

Un jurado compuesto por Carlos Aganzo, Luis M. Ansón, Antonio Colinas, Asunción Escribano, Jesús García Sánchez, Fermín Herrero, Antonia de Isabel Estrada, Raquel Lanseros y Juan Manuel de Prada, presidido por Miguel Ángel de Vicente y actuando como secretario Santiago Gómez Moreno, otorgó a este libro el XXXIV Premio de Poesía Gil de Biedma que concede la Diputación de Segovia.

Isaac Peral, 18 - 28015 Madrid
www.visor-libros.com

ISBN: 978-84-9895-589-7
Depósito Legal: M-20238-2024

Impreso en España - Printed in Spain
Gráficas Muriel. C/ Investigación, n.º 9. P. I. Los Olivos - 28906 Getafe (Madrid)

A mi madre, que no supo hacerme mejor

Creemos que caminamos cuando en realidad caemos.

Franz Kafka

Amor, ¿dónde has caído?
¿A cuántos has salvado?
¿A cuántos has herido?

LO QUE VE LA FRUTA CUANDO CAE DEL ÁRBOL

Lo que ve la fruta cuando cae del árbol
y no está debajo pensativo Newton
ni la zorra hambrienta del manjar alado
ni tu cuerpo crudo desplegado al sol
del eterno ayuno en el edén prohibido

cuando cae del árbol
—va cayendo—
pesada ya de tanto pensar sus esperanzas
madura seria ensimismada grave
de tanto rellenar su hueco de manzana

cuando cae mortal sin asidero
sin patas y sin alas
redonda y fatal como un destino
y ve el abismo abierto y su tragedia
el dolor de la ley llamada espacio
donde moran los cuerpos desahuciados
donde cabe una pulga y roza el hierro
donde ocurren de pronto tus dos pechos

cae del árbol la fruta con el peso dentro
y va viendo bajo el cielo la distancia

y demuestra así cayendo su existencia
la del aire infinito entre las ramas

cae la fruta. Hemos caído
Lo que ve la fruta cuando cae del árbol
es el vértigo recto hacia la hierba seca
su presente afán su futura ausencia
el banal precipicio de la inmensa herida
por la que se le sale al mundo
el viento
por la que se desangra
el tiempo

Hemos caído. Vamos cayendo

COSAS QUE CAEN EN MADRID UN LUNES POR LA TARDE

Se te caen las tetas, sí,
y a mí las neuronas
que el camarero barre profusamente
del suelo
junto a puños de papel y huesos
de aceituna

Ha vuelto a caer el dólar
derribando sin estrépito un camión
de esperanzas en Talavera
y levantando en California un escándalo de espumas
También ha caído en Australia
dice la tele
un meteorito amarillo
—como una cerilla escapada de los dedos de Dios—
que ha hecho arder la última zarza
del desierto de Gibson

Cayó Roma hace ya rato
y Constantinopla y más tarde Granada
ciudades todas amuralladas
y cae ahora Alepo, ya en harapos,
como un revuelo de migas sin palomas

Los imperios, es verdad, no dejan de caer
pero más deprisa caen los pueblos
y más deprisa los sueldos
y aún más deprisa la tarde
doncellita fugitiva
andrajo de aire, azul robado
palidez sin murallas
que deja de pronto en cueros todos los azares
de los jugadores de dominó
tan abrigados hace un minuto
        en sus barrigas
tan rematadamente machos
        en sus destinos

cae la tarde
como otra cerilla
iluminando
el fracaso en picado de la enfermera llamada Marta
que recuerda ahora
con un gintonic en la mano
mientras cuenta sus vacaciones en Cancún
la vergüenza del moribundo
caído esta mañana
con un tumor del tamaño de una hipoteca
en la guerra de vivir
esa que todos libramos alegres
y victoriosos
hasta la muerte

cae la tarde
la tarde cae
ventana sin mundo bomba sin ruido
descorriendo
el fastidio repentino del camarero que barre
—qué lejos el partido del domingo—
la caída imperial de todas las aceitunas
los restos roídos por Ley Severa
y por Matrona Muerte
con la ayuda de los dientes de José,
el mecánico de ruedas.

Cae la tarde
Será que estoy perdiendo las neuronas
pero me gusta que se te caigan
las tetas

ojalá puedas tú amar
ahora que se está cayendo a copos
—con la tarde
con tus tetas—
también el mundo

a un hombre imbécil

MEJOR CAER

Volar, ¿a dónde?
Mejor caer

Caer, ¿en qué celada?
¿en qué postura?

Caer bajo tu falda mientras te subes
a una silla
tratando de alcanzar la mermelada

Caer entre las nubes al levantar
la cabeza
tras pensar oscuramente
en la maldad del hombre
y en la suerte esquiva

Caer despacio en el olvido
—negado al sobrio poeta sevillano—
de vastas auroras sin jardines
de vagos arbustos sin pronombres
donde nadie nos espera

Caer en picado en el tiempo
como cae un insecto en la miel

e ir pegajosamente muriendo
de indigestión

Volar, ¿a dónde?
Volar, ¿para qué?
Mejor caer

Caer en dos o tres errores
caer, por ejemplo,
en el error del sol
que nos hace creer en los lagartos
o en el error del pan
cuando el alma nos sube despacio
hasta la boca

Caer en la cuenta de que al alba
mientras me arrimaba
apaciguado
a tu culo
un loco afilaba un cuchillo
un cuerdo cebaba una bomba

Caer bien a los camareros
a los gitanos
y a los niños
caer mal a los justicieros
y a los pedantes

Volar, ¿para qué?
Mejor caer

Caer de pie
con la barbilla intacta
modestamente altiva
izada contra el miedo
sumisa y arriada
al lado del caído

Caer entre caídos
y a ser posible entre amigos
y mejor entre tus brazos
y aún mejor entre tus piernas

caer en picado en el tiempo
como cae el insecto en la miel
e ir pegajosamente muriendo
de amargura

Volar, ¿a dónde?
volar, ¿hasta cuándo?
volar, ¿para qué?

Mejor caer.

DOMINGO DE RESURRECCIÓN. LA CAÍDA DE PEDRO

I

Al alba y en zozobra el renegado Pedro
entra en la gruta donde yace el dios crucificado
es temprano para los que todavía duermen
es tarde ya para los que están resucitando

Los soldados se han ido. En el silencio blanco
sin hojas ni arena ni ratones
nadie respira
El ángel que debe anunciar la misteriosa nueva
harto de esperar a los cobardes
ha sucumbido al sueño al lado de la tumba
ha caído como una fruta fresca y rota
con un hilo de saliva entre los labios
y una rodilla
repentina
revelada
bajo el ala
Es tan guapo que Pedro no repara en el sepulcro vacío
ni en el sudario revuelto que, como una mariposa,
ha abandonado impaciente el dios madrugador
El ángel es tan guapo que Pedro el renegado reniega

por cuarta vez, ahora con la sangre
con la carne alegre y sin doctrina
y extiende la mano temblorosa
con brusca teología
para saber misterios nuevos por debajo de la túnica

Entonces el ángel resucita y ronca
se pone a roncar sonoramente
ronca el ángel rubio el ángel puro
como si dentro llevara la vida de un soldado borracho
    y pendenciero
o la muerte inminente de un viejo obeso enfermo del
    pulmón
ronca el ángel limpio el ángel claro
en la mañana de la resurrección
Si los ángeles también roncan, ¿cuál es entonces el
    mensaje?

En el silencio blanco sin aire ni carcomas
en la ausencia total del dios resucitado
el ronquido del ángel despierta de repente
el viento del amanecer entre las hojas
y el pájaro primero y el segundo y un perro acalorado
y la voz del vendedor que pregona sus naranjas
y el jadeo renovado de dos adúlteros entre los grillos
y el llanto de una niña
y el súbito unánime cuchicheo de la lluvia

El renegado reniega por quinta y última vez
no fundaré una iglesia, dice Pedro, ya está fundada

es el nuevo día
de la vieja ciudad resucitada

II

Domingo de resurrección. Los ángeles también roncan
El verde ha resucitado en la pradera
El niño ahogado ha resucitado muerto
en todos los canales de televisión

III

Domingo de resurrección. El ángel ronca
De qué me ha servido vivir
si recuerdo muy bien las veces que me he muerto
y he olvidado olvidado olvidado
las veces que me has resucitado.

IV

Los ángeles roncan el domingo de resurrección
¿o serán los helicópteros que buscan sin lujuria
al terrorista de Bruselas?
¿o serán las primeras abejas marañadas
inscia nexilis nuptiae
que liban libidinosas la flor del grelos?
¿o será el motorcito de la historia

a punto de pararse?
¿o será el serrucho de Dios sobre el esclavo?
¿o será el goce del aire entre los pelos de tu coño?
¿o será el ronroneo de los muertos
desperezándose?
¿o será el cabreo de los vivos
despedazándose?
¿o será un pecho que no acaba de nacer?
¿o será un incendio que no acaba de acabar?
Todo lo que roza duele, mi vida
todo lo que duele suena, mi muerte.
Los ángeles roncan el domingo de resurrección
mientras en la tregua nocturna entre las ruinas
se rozan las manos los dos huérfanos
y el estruendo —que oímos en Galicia—
resucita a todos los guerreros
que impedirán su amor.

V

Los ángeles roncan el domingo de resurrección
—¿A ti quién te resucitó?
—La envidia
—¿Y a ti?
—La higuera
—¿Y a vosotros?
—La muerte
¿Qué haremos ahora todos vivos, de regreso,
desvelados con los cangrejos y los lobos

en el último salón?
Bienaventurados los apaches
a los que nadie resucitará

VI

Domingo de resurrección
Mientras resucitan a su alrededor las moscas
y las pajaritas de papel y las antorchas
y los olmos viejos y los cólicos nefríticos
mientras resucitan los ríos y resucitan las plumas
mientras resucitan las madres dolorosas
y los cangrejos y los lobos
y resucitan también los anillos de Saturno
nada perturba el sueño del ángel
que seguirá roncando
por toda la eternidad

VII

El ángel ronca
Y tú, ay, mi amor, ¿por qué tú no resucitas?

LA GRAVEDAD DEL AMOR
(Nueve caídas)

el enamorado que no puede volar
aunque se lo está pidiendo el cuerpo

la cabeza abrumada que cae dormida
sobre el hombro del amigo

el niño que me cae del cielo en el sendero
y se posa sin peso en mis espaldas
para que lo devuelva de noche a casa

las grandes tetas que cuelgan sobre el hambre loba
de la cierva boca

la caída en vertical de los vestidos
la caída en picado de los dedos

el peso de la manta inesperada
que cuidadosamente nos arropa
entre dos sueños

el peso repentino de tu pelo
liberado de la horquilla

el peso de tu ausencia
en el aire que respiro

el peso en el perchero
de las alas rotas
que vuelvo a ver
cada vez que me cambio de camisa

CAÍDO EN EL PROPIO CUERPO O MIGRAÑA EN EL BOSQUE

Volverse loco de repente
y ver verde el vértigo del árbol
hoja verde y verdad breve
que se vierte enrevesada desde el sol
sobre la herida abierta por la que miro el mundo

Vergüenza debería darme
no ser ya a estas horas un lagarto.

CAE EL SOL EN CASTILLA UNA TARDE DE JUNIO

solo si estamos solos
si hemos caído
si no hay dios que valga
si es todo azar
si todo va a romperse
si el bien no es más que un rincón del universo
si no volverá a repetirse
(salvo otra vez irrepetible)
solo así puede entenderse
y dolernos
tanta belleza

si no es nada
si es accidente y no sustancia
si nadie lo ha previsto
si nadie lo esperaba
si no es un orden y no es un plan
si no es más que una pequeña mancha indeleble
si es algo que se ha roto
y se ha salido para siempre
no sé
como un huevo de su cáscara
o el relleno de un almohadón

solo así puede explicarse
y estremecernos
el rojo estrépito del sol

RECAÍDA NOCTURNA

Mira, guapito
de ríos y mares procelosos
podemos hablar toda la noche
y de su espuma
o hablar también del cósmico bostezo
en el que, al lado de la Andrómeda,
crece en mi ventana mi geranio
podemos hablar toda la noche de los cardos
cynara asteridae
chavalín
y de sus brácteas escamosas
y de sus pinchos colorados
mi chiquillo
y podemos hablar toda la vida
vida mía
del cura Merino que en febrero de 1852
rozó el hipocondrio de la reina
con un estilete comprado a dos pesetas en el Rastro
toda la noche toda la vida
pequeñajo
hablando de Admella, Jaime
y de Alba, Santiago
y de Alonso, Javier
los tres primeros de la lista

que murieron en 1967 en la excursión del colegio al
  Acueducto
hablar y hablar
mi cachorro
del tiempo que pasa, del tiempo que ha pasado
del destino extravagante del sulfuro de hierro
verde de bacterias y recién salido del mar
que ayer en Madrid, sin quitarse la chaqueta,
saltó por la ventana
y el miércoles pasado en Nueva York
renunció para siempre a tocar el clarinete
y todos los días, aquí y allá,
vende fruta roba estrellas sueña pan
y desbarata sin piedad el balcón de las especies
podemos hablar toda la noche
en un susurro
corazón
de cuando te humilló la luna roja
o el profesor de matemáticas o el asesor bancario
y de cuando Charlotte Corday mató a Marat en la bañera
y de cuando, granujilla, completó Neptuno su postrera
  vuelta
y de cuando, pillín, inventaste por casualidad el ciervo
  herido
o toda la noche y toda la vida
hablar de las veces que el color rojo
de las veces que el dolor negro
de las veces que la nieve blanca
de las veces que a veces en el pecho
y a veces, cariño, en los cristales

podemos hablar, dulzura mía, toda la noche
toda la vida
de la sed de los peces en la arena
y del lazo que ahoga a los simbiontes
también toda la vida
y después toda la noche

Mira, guapito, sí
podemos hablar hasta secarle al Danubio la saliva
hasta roerle a la letra su estribillo
hasta escurrirle al verbo su vereda y derruirle a la torre
sus dos erres
hablar desmigajando los nombres verdaderos
hasta que el gallo cante y aúlle la sirena
proclamando un nuevo muerto en la avenida

O podemos sin más
callarnos boca a boca
impedirnos hablar el uno al otro
con la lengua mojada que descerraja el labio
y nos clausura el alfabeto
callarnos simples acorazados blandos
mudos moluscos en la concha ajena

Los besos no dejan —guapito—
escombros

FELIZ CAÍDA

hay un instante en que el delfín es un pájaro
al que un dios en el aire arranca las alas
y cae aliviado y feliz de vuelta entre la espuma
salvado de volar

hay un instante en que el guijarro es un rayo
al que en el vuelo la rama destrona el tino
y cae aliviado y feliz de vuelta entre las piedras
salvado de ser malo

hay un instante en que el amante es un árbol
al que el beso en la boca derriba las raíces
y cae aliviado y feliz de vuelta entre las sábanas
salvado de ser libre

CAÍDA LIBRE

En caída libre gota a gota
como tras un acuerdo en las alturas

anunciada con rebatos y relumbres
sin que nadie la empuje ni la estorbe

muchedumbre menuda y vertical
suicidio colectivo de líquidas agujas
de átomos grandes y mojados

diminuta munición de las estrellas
o cosecha de agua entre las nubes
volcada como trigo sobre el mundo

en caída libre
de pronto
la lluvia

la lluvia como un alma
la lluvia como un alma en dispersión
melena estrepitosa de gotas y de azares
telar de grises funeral de azules
la lluvia fulgurante
la lluvia fulminante

la lluvia
la lluvia que blanda chapotea entre la hierba
que dura repiquetea en los tejados
que fúnebre retumba en la uralita
que oscura tamborilea en los paraguas
que alegre tintinea en los cristales
que furiosa taconea martillea cuchichea
la lluvia que apedrea los charcos
y acribilla la luz de las farolas

La lluvia
La lluvia en caída libre
la lluvia que cae por su propia ligereza
la lluvia mansa a la Ley de Levedad y sus milagros
la lluvia libre arbitraria sin causa
porque ni Dios puede obligar a caer tanta agua junta
a mojar todas las hojas
a regar todos los campos
Caída y libre la lluvia
libre y caída
como esta tarde tu alma
como todas las tardes la tarde

De pronto, sí, la lluvia
la lluvia que borra las fronteras
que acalla los combates
que desarma las culturas
que ensancha y aleja los afueras
la lluvia antigua remota catastrófica
la lluvia borgesiana que siempre ocurre en el pasado

presente inalcanzable donde cae sin mojarnos ni lavarnos
donde estás para siempre en el colegio
donde el mundo coincide con tu abrazo
la lluvia de Akira en el templo ya en harapos
ballena varada y chorreante
naufragio de la humanidad casi perdida
casi vencida
casi salvada
la lluvia triste triste que nos arruina la fiesta
la tristeza mojada que fecunda el naranjo

La lluvia en caída libre. Llueve
detrás de la ventana esta tarde. Llovía
también el día en que morí. Llovía
mucho más cuando era niño.
Cuando deje de llover saldré a buscarte

En caída libre la lluvia repentina

la lluvia triste y honrada

Vamos cayendo

CAÍDAS DE BALLENAS

Los buenos van al cielo, vale
y los malos al infierno, dicen
y los sueños de justicia, claro, a los puñales
¿Alguna vez te has preguntado, amor mío,
a dónde van, cuando mueren, las ballenas?
Vuelan hacia abajo lentamente del piélago al abismo
se hunden grandes y livianas atravesando
la luz enmudecida del agua en sus incendios
abriendo en su descenso las nubes de medusas
la tribu a la deriva del plástico dorado
bajan danzando las ballenas mientras el náufrago eritreo
el que soñó una tierra rubia y franca
sube sin branquias de vuelta hacia la espuma
se mecen remolonas hacia abajo las ballenas
enhebrando el verde herido el turquesa derretido
el añil introvertido
más abajo
cruzándose al pasar con llorosas caballas que lucen
    tornasoles
con atunes de acero y atléticos delfines
cada vez más abajo
van cayendo despacio las ballenas muertas
hasta alcanzar el peldaño del pulpo y el crustáceo
entre holutorios hinchados y púdicos corales

y a veces más abajo
hasta el último escalón de nuestra edad marina
noche primera oceánica placenta
junto a priápulos freudianos y poliquetos en forma de
pecado
lamidas por bichos bentónicos y monstruitos demersales
acostadas por fin las ballenas en el fondo
como odaliscas perezosas del rey de los gigantes
acostadas por fin las ballenas muertas
desnudas y sinceras en su catedral de huesos
igual que galeones vencidos en la orilla última del mundo

¿A dónde van, amor, las ballenas cuando mueren?
«Caídas de ballenas», las llama el biólogo C. G. Smith
caídas —como quien dice— de estrellas o aerolitos
o lluvia de ideas o diluvio de flores
En 1987 descubrió Smith en el Pacífico
el esqueleto de una ballena muerta hace 35 millones de
años
catedral de huesos a 1240 metros de profundidad
duomo policromado de bacterias sulfúreas
arca antediluviana enjoyada de diminutos mejillones
y grandes bivalvos glosoideos
¿Era quizás el primer Leviatán, el espíritu de Dios
que flotaba sobre las aguas, la ballena que se tragó a Jonás,
la que okuparon los compañeros perdidos de Luciano,
la antigua isla de San Borondón, la bisabuela blanca
de la sagrada Moby Dick que arrastró al capitán Ajab
al pus de la conciencia?

¿A dónde van cuando mueren las ballenas?
Vuelan muy despacio, mi amor, hacia el abismo.
Imagina en el mar la extinción repentina de todos los
cetáceos
Imagina 640 000 ballenas muertas cayendo muy despacio
Imagina un millón de leves pesadumbres sin amarras
castillos sueltos cerros flotantes
levitando al mismo tiempo mar abajo
—ballenas y ballenas bailarinas volateras—
para posar en la tiniebla hadal y sus llanuras
los templos descompuestos las carrozas colosales
que habitarán para siempre sin mirarse
anfípodos leptostomias peracáridos
(cuyos nombres parasitan en verdad caracoles y gusanos)

Imagina, mi amor, que morir fuera
depositarse en el fondo lentamente
Imagina a la vecina gorda del moño enrevesado
balanceándose hacia abajo sentada en su sillón
con el halda hueca entre las manos
besuqueada por gallanos rojos y mujoles
Imagina a Romeo y Julieta descendiendo
entre diatomeas y sargazos
en apretado remolino apasionado
Imagina a los cien mil quemados de Hiroshima
como un puñado de teas o cerillas en el agua
recayendo curados al origen
descansando por fin junto a un horrendo
y gentil melanocetus
Imagíname a mí, viejo y cansado,

deshaciéndome aliviado en el negro lavadero
de la tierra
Imagínate a ti, joven y sabia,
con tu vestido morado de tirantes
bajando elegante en la corriente
al lugar sin dolor donde yacen los erizos

Sabemos dónde van los pacíficos y dónde los airados
y dónde se entierra a los ambiguos
sabemos que el deseo va feliz y traicionado entre las
    piernas
¿Sabemos dónde van cuando mueren las ballenas?
Vuelan muy despacio, mi amor, hacia el abismo.
Vayamos con ellas
separados
a descansar de tanta ligereza

BANDERAS CAÍDAS

Las últimas banderas de la civilización
ondeaban entre las ruinas
recién lavadas

Eran tres: las bragas de María
los calzoncillos de José
y el gorrito de punto del bebé
que tejió la abuela en primavera

Se alzó el viento
y las tres cayeron en el patio

Esta vez nadie bajó a recogerlas

VIA LUCIS.
PRIMERA CAÍDA

Nel mezzo del cammin di nostra vita
mi ritrovai per una selva oscura
ché la diritta via era smarrita.

DANTE

En medio del camín de nuestra infancia
entró en el mundo una amapola
en la punta azulada de un cuchillo

El día en que mataron a Kennedy
—a Robert el hermano el tímido fiscal—
los padres se olvidaron de recoger a su hijo
en la puerta del colegio
fue el jueves seis de junio de 1968
el mismo día en que ese niño
mientras mataban a Robert en California
se meaba en los pantalones en Madrid
durante la clase de matemáticas
dejando un charquito tembloroso bajo la silla
con un alivio suicida
dulce
infinito
al que le sobraba después toda la vida

España en junio era febrera
la infancia en España era molusca
cangreja sin alas sin costillas
y con siete años ya cumplidos
el niño sentado en la escalera
abandonado a la puerta del colegio
no lloraba
¡Cómo esperar que su madre rubia
tan vaga y metafísica
se hubiera acordado también hoy de su existencia!
España en junio era febrera
y la infancia molusca artrópoda escocida
en la entrepierna
mansa y voladiza
como una pompa de jabón
arrastrada por su propio sinsentido
al hueco de la carne.
España era febrera
el colegio era meduso y dinosaurio
la familia embuda esternocleidomastoidea
El niño no lloraba
miraba las amapolas grises entre la hierba sepia
las banderas blanquinegras petrificadas
en el aire muerto
el tiempo cuarteado allá lejos
bajo sus botas de cordones
con hocico de madera

En medio del camín de nuestra infancia
el día en que mataron al tímido fiscal en California

el mismo día en que se meó en los pantalones
y su madre se olvidó de recogerlo a la puerta del colegio
ese día estaba el niño sentado en la escalera
ese día el día desde siempre el día para siempre

De pronto cayó en una pirueta
muy despacio
ante sus ojos
el alma peluda de un vilano
de pronto la vio venir desmelenada
varada en sus tacones
de pronto se abrió el mundo
como un ciervo recién cazado
en la punta azulada
de un cuchillo

Mamá, tengo miedo
alguien ha entrado y ha coloreado
de rojo la amapola

Mamá, qué dolor
alguien ha entrado y ha pintado
de amarillo la bandera

Mamá, estoy solo
alguien ha entrado y ha puesto en marcha
el viento

y el tiempo

donde la luz de junio me hiere a borbotones

Qué Dios ni qué coño:
es la sangre que corre a posarse
en la materia

AL NIÑO QUE SE HA CAÍDO DEL COLUMPIO

Ya pasó, mi niño
ya pasó, mi rey
ya pasó, cariño

ya pasó
Santiago
la vida entera

VOLVER A CAER

La
mujer
que
no
me
voy
a
follar

en todo caso existe
sale al balcón

se
recompone
el
moño

vuelvo a caer
feliz
donde no vivo

vivo
sin
vivir

en
mí

de todo lo que
no es mío

CAE LA BOLSA

Ha caído la bolsa cuatro puntos
y no la puedo levantar

Estoy exhausto

he repartido ya mi juventud
entre los pámpanos del bosque
y los páramos del templo

en mi cuerpo solo queda
como aire seco
la futura harina
del pan
de las lombrices

Todo lo que era mío
—mi papanatismo mi edipo mis hipérboles—
ahora es del sol
que me lo devuelve sin tacha
descosido
ligerísimo
a la altura del tejado

Qué joven —pero qué joven— es el día

Ha caído la bolsa cuatro puntos

Deliran buganvillas los cipreses

NAGASAKI
(CAER Y CAER)

cuánto hay que clamar al cielo

para que Dios te caiga encima

de repente

y se te quede tatuado en la piel

hasta la muerte

CAÍDA DEL CIELO

Cada vez que caes del cielo te presentas
con un nombre diferente

nieve

o Ana

o dignidad

o verso

o jacaranda

El resto del tiempo te llamo
vida

DE HAYAS Y OTRAS NIEVES.
EL ÁRBOL CAÍDO

Allí donde uno se queda sin palabras
aparece la verdad
y reclama ser nombrada

El sol envejece en la hojarasca
el regato arrulla los guijarros
Dios es azul, el amor rugoso
                                        y encarnado
Me callo —ay— de repente
perdido y deslenguado
en medio del hayedo

¿Qué dices ahora, parlanchín,
de este milagro?

No tengo palabras, lo confieso,
ni musas que me chiven un adverbio
pero juro por mi vida, vida mía,
que las encontraré algún día en mi
                                                maleza
o las pediré prestadas a otra lengua
o las inventaré hurgando en el delirio
            dolicia y beliciaga
        mérula verdurazna incremecida

para cantar la belleza
de las hayas
el dolor de la casa sin los hijos
el mundo desanclado de la madre
la tristeza centenaria de la patria
el placer, niña mía, de tu nuca
mil veces santiguada en mi saliva

Allí donde uno se queda sin palabras
la belleza nos exige al menos un apodo

Eureka. Ya la tengo
una blanda y blanca palabrita
para balbucear el misterio
de las hayas reunidas en la selva

nieve

así lo digo:
las hayas caen del cielo
sin hacer ruido
y digo:
si puede un árbol caer del cielo
no caerá, lo sabemos, como un rayo
como una bomba, como una piedra
los árboles, lo estás viendo, caen despacio
y juntos
y hacia arriba
no es la lluvia, que moja y golpea
y tenebrece

¡es la nieve!
Nieve silenciosa
nieve pacificadora
nieve antigua y maternal
luz desperdigada
luz desmigajada
migas del mundo verdadero
posadas sin alas en el aire

Y te digo:
llover pueden llover a veces piedras
o bombas
o sangre
o incluso ranas
nevar no
nevar solo puede nevar
la nieve
o el pan
o el hayedo

así lo digo:
nievan hayas largamente
su infinita rectitud
hoy haya densamente sobre el
bosque
copiosa hayada —ay— de la infancia
recobrada en un danzar de copos
mirad, chavalines,
mirad qué maravilla
ha empezado a hayar en la

pradera
está hayando ya desde el alba
de la Europa
o incluso antes
y no para
no para
de nevar

Hay muchas formas de nombrar la muchedumbre
gavilla
rebaño
incendio
ejército
colmena
También la nieve es mucha
al mismo tiempo
como lo es el lento
umbrío
puntirrojo
hayedo de septiembre
esdrújula recóndita
gavilla desatada
manso rebaño de jirafas medievales
colmena de mástiles sin velas
incendio incombustible
pacífico ejército al revés
—emboscado en su propia escaramuza
o, valga decir, ensimismado

Hay muchas formas de nombrar
la muchedumbre
pero solo tres formas
de nombrar la nieve
una: nieve
dos: hayedo
tres: felicidad

Así lo digo:
allí donde uno se queda sin palabras
de pronto
niña mía

ha comenzado ya a nevar

MÁS DURA SERÁ LA CAÍDA

Si te pones los huesos y la carne
y en el pecho las venas encendidas
y asimismo la piel para ir vestida
donde pincha el rosal y el beso arde

si coges al salir también la sangre
la voz el pelo el gusto de la vida
más dura será luego la caída
cuando no llegue Amor o llegue tarde

Si no se es una pluma, Damón bello,
caer es imposible sin un daño
llora el velo mortal su avara suerte

Pues no llega el Amor, vengan los perros
que venga el odio en brazos de un extraño
caer en una misma: eso es la muerte

LA CAÍDA DE ÍCARO

De cera Ícaro las alas agita vanamente
por el Dédalo padre ingenio moldeadas
mas vuelan no no no que son juguete
sin telos ni teos ni designio
trebejo adormidero del lento trabajo de morir
tan niño y tan lirondo sin hermanos
las alas agitando en solitaria la
en la la la cantando la isla solitaria
bajo el sol derrite que griego
las seseras
agita Ícaro las alas las
las alas las
las alas las y las manitas
cuando el azul cae el cielo al mediodía
Ícaro cae
Ícaro cae al suelo riéndose y en cueros
Ícarocae y cae de risa de cera que gotea
Ícaro caes te caes te cantas
carcajeas
mientras abejas las te zumban el tiempo ya pastoso
y tú aleteas Ícaro te caes recaes sobre el costado
revuelcas la melena en pegajosa la
en la arena desnudo como un que salta
alegre pececito aún vivo

por mirado padre tuyo que ríe tristemente
de lejos con las alas gachas las marchitas
sin nada el glorioso ingenio que al hijo dar sino un juguete
ay sin salida el padre laberinto del amor baldío
ay el padre
ay el laberinto
ríete Ícaro
aletea pajarito
gotea mi niño
cae, Ícaro mío, en el olvido
juega

mientras tú caes, Ícaro amado, el tiempo vuela
la vida derretida ya mañana en la prisión del cuerpo

ANTÍGONA Y ESDRÚJULA.
LA CAIDÍSIMA

A Luca Gervasoni, él sabrá por qué

las trémulas clavículas de Antígona
anhelan élitros tímidos de apátrida
no hálitos de águila, no,
ni de pelícano
espíritus libérrimos del ático
que ansían las pólvoras terrícolas de los artrópodos
las tétricas retículas de los arácnidos
las mandíbulas húmedas de los anélidos

Antígona sueña esdrújulas horrísonas
fúnebres canículas
sarcófagos famélicos
féretros fratrídicos
fatídicos vestíbulos del báratro

Antígona y Esdrújula arrastran sus réspices
por la Hélade lóbrega
Antígona disputa a los córvidos las ánimas áridas
Antígona disputa los códigos a los príncipes ásperos
Esdrújula álgida le presta sus bártulos
cadáveres vísceras vértebras ténebras túmulos

sacrílega cólera
el lívido el pálido tétanos

Esdrújula ama a su gémina trágica
Oh Antígona íntima —invoca— mi máxima gémula
salvífica naúfraga
mi vértigo sádico
con pétalos lúgubres se alzan los árboles cósmicos
dulcísima anémona
fanática antítesis

mas no olvides, mi bélica cérvida, que esdrújula es
también
aunque llana
la vida
y el larguísimo amor que me clavas
sin gramática alguna

y el clítoris
el níscalo
la pérgola
el júbilo
la libélula
y el péndulo

CAER AL AGUA

El vil Caronte, recibida su atávica moneda,
desamarra la barca abarrotada
para pasar su carga a la otra orilla

la ola en la quilla blanquea las tinieblas
en el fragor cien voces cuchichean
los nombres de los dioses, las plegarias
que antes nunca llegaron al Olimpo

macarra psicopompo el timonel
con chupa de cuero y con cuchillo
chista silencio a la mujer sola
cuyo bebé aúlla de miedo y cuya teta
desnuda, única luna, aún imanta
—extraña humanidad—
los ojos aterrados de los muertos

vienen de lejos. Del África estragada
del Oriente desmigajado y humeante
por ruinas y desiertos
con el óbolo apretado entre los dientes
de lejos y ligeros de equipaje
en busca del barquero y sus patrañas

la ola en la quilla blanquea las tinieblas
amanece
el cielo refleja la nada blanda sin riberas
qué estigio qué aqueronto
qué cerbero el mar nuestro qué remoto
qué vivo qué furioso qué vasto qué espumoso
qué enemigo
los hombres rezan, llora el bebé, la mamá mece
el mundo ya mecido
Dios es grande, pero no tanto como el mar
ausencia derretida equidistante
de todos los principios
y todos los finales
qué arriba qué abajo qué altos y qué hondos
qué furiosos altitumbos

El mar es montañoso, ¿lo sabías?
y muchos somos nadie
¿lo sabías?
nos ha entrado la sal hasta en el sueño
saliva que seca es esta espuma
escupida por vientos rotos sin puntos cardinales
¿lo sabías? ¿lo sabías?
que muchos somos nadie
que muchos apiñados somos nada
—astilla, uña suelta, bacilo solitario—
en la punta del pie del universo

Qué alto qué hondo qué silencio
qué estruendo repentino

qué vuelo y qué caída
¡el mar el mar!
¡el mar siempre reflexivo!
ese mar que viene es el mar que ya está dentro
vuelve a sí mismo en cada ola con más brío
con más brío
con más frío
agua de agua en el agua en movimiento
mármol airado chispas de hielo crin de tormenta
los gritos horadan inaudibles las caras salobreñas
venid y salvadnos, dioses del Olimpo
mandad, terrestres del Elíseo, vuestras naves poderosas
salvadnos, socorrednos, sed compasivos
castigadnos luego
con saña
ya en el puerto
Venid, humanos. Venid deprisa, nos ahogamos.
Muchos apiñados —¿lo sabías?— no son nada
soledad más estrecha conciencia más cerrada
nadie —¿lo sabías?— puede ahogarse en mi lugar
¿lo sabías? ¿lo sabías?
morimos uno a uno metidos en el cuerpo
esa barca caronta diminuta donde solo quepo yo
donde me cabe tan inmensa la muerte interminable
Caemos. Nos ahogamos.

¡Estamos cayendo! ¡Nos estamos ahogando!
¡Hemos volcado!

Cae al agua Mamadou completamente solo
sin probar el yassa que hace en Florencia

su amigo Adama
Cae al agua Sambo, también solo,
con su camiseta del Barça y su amuleto africano
de diente de león
Cae al agua solo Armand
huyendo del tedio de Duala
Cae al agua solo Yussuf
jugador de taula poeta sufí
follador de turistas bujarrones
Cae al agua solo Daouda
nacido en Abiyán padre de dos hijos
dueño de dos brazos y tres dientes
Cae al agua solo Salah
enamorado de una loca de Palermo
Cae al agua solo Amin
herido en Mogadiscio en una epidemia
de misiles
Cae al agua solo Awo
pescador de atún sin barco y sin ganas de pelea
Cae al agua solo Mujtaba
el mejor fabricante de cometas de Kabul
Cae al agua solo Enmanuel
al que su tío prometió al nacer
la libertad de su país y una furgoneta
Caen al agua solos Ghirmay y Natnael
hermanos prófugos del ejército de Afewerki
Cae al agua sola Rachida la única mujer
viuda desde hace dos semanas
maestra en los báratros de Alepo
Cae al agua su bebé, ya completamente huérfano,

que iba a estudiar alemán y ganar un concurso
de belleza en el año 2037
o quizás un año antes
Caen al agua también
soledades puras atadas en racimo
Akif y y Abdalah y Abdelhalim y tres Muhamed
y Bachir y Chiri y Diada y Godana y dos Hussein
y Bilal y Ghafour y Kashir y Mahedit
Caen y caen y caen
—Parvez Shakour Madhou Tinesh—
todos ahogados, cada uno en su propio cuerpo,
pensamientos del mar en su eterna reflexión
sin descendencia

Europa, enfrente, ya a la vista,
se rasca despatarrada las vergüenzas

—No respiro. Qué susto. Qué dolor
Ay, ya pasó. No siento nada
—Estás muerta. Ni hambre ni frío ni sueño
ni orgullo ni nostalgia
—¿Quién eres tú?
—Otro
—¿Y esos miles que me miran allá abajo?
—Otros más
—¿Pero entonces yo…?
—Eres también otra.
—Pero mi niña no, mi niña es ella misma, ¿verdad?
—No, mírala ahí, sonámbula e hinchada
al albur de las corrientes

—¿Cuántos somos?
—Miles, tal vez millones
—¿Y qué hacemos?
—Esperar
—¿A qué esperamos?
—A los otros
—¿Cuantos son?
—¿Cuántas estrellas hay en el cielo?
—¡Pero las estrellas tienen nombre!
—Los nuestros, cuando caemos,
se apagan en el agua
—¿Hasta cuándo hay que esperar?
—Hasta que no quepamos en el mar
—El mar, ay, es más grande que Dios
—El mal, ay, es más grande que el mar

MADRIGAL DE LOS QUE CAYERON PRIMERO

Estábamos tan cojos
el día en que cruzamos el Mar Rojo
estábamos tan ciegos
el día en que inventamos los espejos
estábamos tan mudos
el día en que gritamos nuestros ruegos
estábamos tan viejos
tan rotos y tan crudos
que inertes y desnudos
el pecho nos llegó ya sin escudo
y el hombre nos llegó siendo ya humanos

caímos tan temprano
del sótano hasta el suelo
del pánico hasta el duelo
que ahora que caer es un consuelo
y hasta un deber sagrado
nosotros nos cogemos de la mano
más muertos que cansados
y alzamos contra todos nuestro vuelo

VIA LUCIS.
SEGUNDA CAÍDA

Per me si va ne la città dolente,
per me si va ne l'etterno dolore,
per me si va tra la perduta gente.

DANTE

Por aquí se va a la verdad doliente
por aquí se va al eterno furor

mi padre, el violador de niños,
bebía whisky al volver de misa
mientras mi madre rubia consultaba
a una echadora de cartas
la marca del coche y el perfume
de su futuro amante

los niños escondían las armas debajo de las camas

cada vez que tengo dudas me pregunto
qué haría mi padre
qué haría mi madre
y hago exactamente lo contrario

por aquí se va a la perdida gente
insidia movió a mi alevoso autor

los niños solos lloraban sobre el pastel de queso

recé un día para ir a Asturias con la madre rubia
y Dios escuchó mis oraciones
de rodillas en el baño para ir a Asturias
por favor por favor Dios mío
y el ángel por teléfono nos anunció
el billete en el ultimo minuto
De mi madre recuerdo ese milagro
y su aburrimiento al lado del niño soso en el tren
    nocturno
y dios te salve maría llena eres de gracia
el señor es contigo
por qué por qué
por qué no nos salvas

hízome la contrita potestad
la suma inclemencia, el primer dolor

el padre, violador de niños,
me llevaba a desayunar churros en el bar Orsay
los hombres no lloran
los hombres no tienen frío
los hombres no tienen miedo
los hombres no se aprenden los nombres de los árboles al
    borde del camino
el padre violaba iba a misa bebía whisky
y luego amagaba sogas y venenos
mientras la madre rubia nos reclamaba
una flor para su peluquera
un beso esclavo en la orla del vestido

los niños tenían miedo de dormirse
y más miedo aún de seguir despiertos

cada vez que siento amor recapacito
pienso en mi padre
pienso en mi madre
y se me pasa enseguida

delante de mí no hay rosas coloradas
sino galernas secas negras duras
Era junio de 1977. España era aún febrera casi marza
y elegía por primera vez
a sus traidores. España era trapera era puñala
y la familia no burguesa sino cuarza
y ácara y piélaga y murciélaga
Los niños escondían las armas debajo de las camas
El padre clavó el último cuchillo en la mesa de comer
y dijo voy a esperar a vuestra madre
esa zorra
que había salido ya de noche
ansiosa metafísica en tacones
a buscar una gitana de emergencia
un arúspice de guardia
que le deshojase las pétalas narcisas
del macho venidero

España casi marza. Los niños casi vivos
Qué miedo estar dormidos qué miedo desvelarse

Dejad toda esperanza los que entráis

¿Acaso hay algo fuera?

Cada vez que tengo alas
comparece mi padre en calzoncillos
reaparece mi madre despechada
y las arrastro de piedra por el suelo

Era junio de 1977. España elegía por fin
a sus tiranos. El padre ululaba
en el jardín. La madre se encomendaba a su rubiez

Los niños solos lloraban sobre el plato vacío
mientras el perrito Melchor, remoto regalo del rey
 mago,
se desangraba decrépito debajo de la mesa

De pronto al limonero
detrás de la ventana
se le cayó de las ramas un limón
cayó amarillo
vertical
aire abierto
aire de punta
aire alumbrado
y estalló tranquilo
allá abajo
verdadero
en otro mundo

Qué susto, ¿no, hermanitos?
Vaya susto.

Oye, limón, ¿es que estás fuera?
Óyeme, azar, ¿es que aún existes?
Óyeme, amor, ¿eres morena?

O al menos, por favor, que la muerte nos llegue del espacio
como el granizo
como la voz del Camarón
como el derrumbe final de las estrellas

SONETO DE LA CAÍDA MÁS LARGA

Caías tan despacio que el reloj
se paraba a esperar tu precipicio
y ajustaba su paso a tu suplicio
de ampos sin fin y blanco alrededor

Caías tan despacio que me daba
tiempo a nacer y a vendimiar la suerte
y a correr muy deprisa hacia la muerte
mientras siempre cayendo me esperabas

A fuerza de caer te sostenías
distante y fugitiva, vida mía,
como nieve detrás de la ventana

No toques nunca el suelo, diosa fría,
no te poses, belleza, en mi alcancía
que tu ansia solo existe si no acaba

VIA LUCIS.
TERCERA CAÍDA

Nasce l'uomo a fatica,
Ed è rischio di morte il nascimento.

LEOPARDI

S'i' fosse foco, arderei 'l mondo;
s'i' fosse vento, lo tempestarei;
s'i' fosse acqua, i' l'annegherei;
s'i' fosse Dio, mandereil'en profondo.

CIECO ANGIOLIERI

E lo spirito mio, che già cotanto
tempo era stato ch'a la sua presenza
non era di stupor, tremando, affranto,
sanza de li occhi aver più conoscenza,
per occulta virtù che da lei mosse,
d'antico amor sentì la gran potenza.

Divina Comedia. Purgatorio

Pare al niño su enemiga
pero es riesgo de vida el nacimiento

Si fuera viento tempestaría al padre
sostendría en el aire el diente de león

Era España y era siempre junio
España en junio era ya agosta
agosta en 1993 y gárgola y viruela.
Las cunetas pensaban en silencio bajo el peso
pomposo del ladrillo. La Transición tocaba
las castañuelas. El padre empezó el día
muriendo con retraso mientras la madre rubia se
compraba
el décimo perro grande
también insuficiente
En Balsáin caballos casi reales trotaban la pradera
¡Quién no se cree bueno asando un cochinillo
o cazando una lagartija
o sodomizando a un niño con la lengua fuera!
¡Quién puede ser feliz si las cosas caen por su propio peso
si la luna no lleva tatuado ya mi nombre
si mi perro respira sin que yo le dé permiso!
En junio de 1993 España era ya agosta
era anímula blándula farándula
y el padre murió al despertar con cien años de retraso
mientras la madre rubia soñaba que Gadafi
la violaba con su alfanje de oro en la jaima de seda
Todos los niños habían enloquecido para entonces
Uno encontró un trueno
otro la pifió
otro se fue a El Cairo
otro se perdió
y el más pequeño
el más pequeño candela se dio

No vio Dante a Beatriz todo seguido
ella lo miraba y él no la veía
en la vía no verdadera volteado
por falsas imágenes de bien escarnecido
a tal punto que gaje el infierno requería
de la vida nueva siempre anhelada y desmentida

Pero es riesgo de vida el nacimiento
los niños sienten plumas pican alas
padre y madre muy atentos
todo peligro evitaban

Si fuese fuego incendiaría mi cuna
encendería el hueco del hibisco rojo

Los niños, todos locos, se echaron al mundo
con un hatillo de llagas y un zurrón de escolopendras
Uno no fue bueno
otro no fue justo
otro no fue sabio
y el más pequeño
el más pequeño candela se daba

El día en que murió el padre con retraso
y la madre reinó sobre diez perros
España era caléndula y patíbula
y caballos casi reales trotaban las praderas de Balsaín
De pronto cayó del cielo Beatriz sin carro
ni velo santo de luz angelical
con un vestido corto y azul que ella misma había

cortado y cosido con sus manos
y que atisbo de muslos amagaba a la vista
Dante la vio después de tantos años y sintió
revivir la flama antigua
y la vergüenza de una vida sin culto y sin simiente
y la nostalgia de la derecha vía
con su árbol, su niña y su caballo

Así sigo
Marta, es cierto, tiene un polvo
y Laura me gusta cuando baila
y qué lista es Amalia
y qué dulce Adriana
pero solamente tú, cuando te miro,
aunque me ignores
me quitas purgatorio
y me das mundo

Pare al niño su enemiga
pero es riesgo de vida el nacimiento
si fuese agua ahogaría a los tiranos
mojaría la fragua en el coño peludo

A ver, niños, hacedme caso
naced en una parra
o de la vaina de un glicinio
o hasta del lapo de un varano
o que al menos
que al menos os para una gitana y no una diosa
que os para la vecina fea y no la rubia mala

que os para, niños, una amiga con las tetas llenas
y no una extraña colgada sin leche
del cuerno de la luna

y que el padre, si podéis, sea una rana
y no un señor de Bilbao
la madre ládano el padre escarcha
la madre un pino el padre un galgo
la madre el agua de la lluvia
el padre el viento de poniente
los padres canela y clavo

que os paran, niños, ya mayores
si no podéis nacer desde el principio
Conozco a un hombre que nació de un lirio
a los cuarenta
Conozco a una mujer que sigue pariendo
a su marido

Hacedme caso, niños
no lo olvidéis
todo el que nace corre el riesgo de estar vivo

LUCIFIXIÓN

Vale, pillín, entonces dime
qué es la luz

La luz es el velo que oculta
la noche verdadera

La luz es la sombra que proyectan
los ángeles
sobre las antorchas

No no no. La luz es, no te miento, la madre que mata
a sus cachorros

Pasicles huía de sus asesinos
por las calles de Éfeso. La noche
lo salvaba. Los esbirros no cedían.
Corrió hasta el umbral sombrío del templo de Hera
y allí se acurrucó guardándose el aliento.
Entonces la madre, la gran sacerdotisa,
que oyó ruido
desvelada
encendió una vela
y se asomó a la puerta

La madre —¿lo entiendes?— enciende la luz
y mata al niño
el verbo es alumbrar
o dar a luz
o entregar el cuerpo a los bandidos

Tachín tachán, granujilla, he ahí la cuestión
la de la intensidad de la luz
de si ciega, como a Edipo,
o deslumbra, como al asombrado en la caverna
al que empujan —tachín— al frío exterior
—tachán—
de la verdad verdadera
Tachín y tachán
déjame en la oscuridad un rato más

Oye tú, chavalín
qué luz es esa
la casita del bosque donde el ogro afila
tachín
el cuchillo reluciente
donde la bruja enciende el horno
tachán
con los huesos secos de su última víctima
en la ceniza
Tachín y tachán y otra vez tachán
en la oscuridad en la oscuridad
por favor
un rato más

Oye tú, granujilla
qué luz es esa
el alma sin su vaina en la ventana
la madre con su espada
Corred, niños, corred hacia los lobos emboscados
corred hacia las zarzas y las sierpes
huid de la luz, niños perdidos
huid, niños perdidos, del hogar iluminado
huid enseguida al mundo y sus tinieblas

Tachín y tachán
oscuridad
oscuridad
un rato más

Pues ocurre, chaval, que llegó el día
en que la pluma se salió
de las almohadas
y el alma saltó de la asadura
y la madre desvelada encendió
la vela en el umbral
y yo te pregunté, pillín
dime qué sabes de la luz
y tú me respondiste

La luz es el velo que oculta
la noche verdadera

La luz es la sombra del ángel
que llamamos día

Y yo te dije
no no no
La luz —y no te engaño— es la madre que mata
a sus cachorros

Tachín tachán
y tachán tachín
no me lucifiques todavía
déjame en la oscuridad
un rato más

CAÍDA FINAL

Y
si
finalmente
no
pudiera
soportar
más
el peso brutal de las luciérnagas

y
si
ya
no
tuviera
fuerzas
para
sobrellevar
el roce feroz de tu melena

y
si
tampoco
me
cupiera

el
cuerpo
en el hueco angosto entre las estrellas

y
si
el
universo
se acercara demasiado a mi barbilla

y
no
pudiera
alejarme para mirarlo

ni separar los espejos de los pájaros
ni la mesa del rebaño en la pradera

y
si
me
cayera
encima
el aire bestial de un abanico

y
me
cayera
también
un

nuevo
amanecer
como la carroña de una oveja muerta

entonces
es
que
finalmente
he llegado aquí

ÚLTIMA CAÍDA.
MI MADRE ESTÁ VIAJANDO EN EL TITANIC

Hasta hace dos meses deseaba que un rayo partiera en dos a mi madre. Era un deseo altruista. Una forma de proteger su dignidad, de impedirla ser malvada hasta la degradación, de ponerla a cubierto de sí misma. Solo una muerte repentina podía salvarla de su propia fealdad e injusticia. Ya no. Ahora, de manera egoísta, quiero que viva. Completamente loca, se ha vuelto graciosa, divertida, astuta y al mismo tiempo buena y un poco infantil; y se deja querer. Quiero que mi madre pierda la cabeza y se deje querer. Quiero querer a mi madre antes de que se muera.

Mamá está viajando en el Titanic. Es la tercera planta del hospital de la fundación Matia de Donosti, en una colina desde la que se dominan cerros y praderas verdes. No es un sitio triste. Grandes caudales de luz entran por las amplias ventanas. El diseño no es clínico sino hospitalario en sentido antiguo, más propio de un balneario romano que de un hospital ceñudo. La luz no es blanca y fría; los muebles no son escolares o monásticos. Las enfermeras son atentas y cariñosas. La doctora es cuidadosa, entusiasta y perspicaz. Se nota que ama su profesión y también a sus enfermos, lo que de alguna manera parece menos heroico o menos extravagante cuando uno penetra en el laberinto y se deja seducir por el entorno o, mejor dicho, por la sociedad de los enfermos. Porque en estas condiciones, bajo esa luz, con esos cuidados, los enfermos parecen sencillamente los habitantes de otro mundo posible, no más trágico o doloroso que el nuestro. A veces menos. La vejez no es hermosa contemplada desde una playa; pero contemplada como otra raza —con sus propias costumbres y su propia lógica discursiva— resulta simpática e interesante. Es gente que naufraga, pero que lo hace bailando. Bailando, eso sí, muy despacio. Bai-lan-do, caminando, renqueando, arrastrando las piernas. ¿Quién sabe cómo y cuándo baila un nenúfar o un rinoceronte? Es imposible no pensar aquí dentro en Oliver Sacks: los enfermos neurológicos no son humanos fallidos sino pájaros, camellos o pulpos. Tienen su propia alimentación, sus propios hábitos y sus propios placeres.

Mamá me pide mi gorra negra de izquierdista turco, se la pone en la cabeza, se quita las gafas y me reclama una foto. Parece más joven, traviesa y coqueta. No podré olvidar nunca la cara capturada en esa imagen, con su nariz chata y bulbosa, la de mi abuela, la de los Lite, por encima de esos ojitos felizmente achinados. Se siente libre y atrevida, como una colegiala que, de excursión con sus compañeros, rabiosa de energía juvenil, se quita los zapatos y los tira al mar. La diferencia: la colegiala luego se arrepiente, mi madre no. Mi madre ya no tiene memoria para arrepentirse de nada. Esa foto queda ahí como la evidencia de un acto absoluto, de una felicidad sin causa ni consecuencias, pero cobijada en un cuerpo. Es imposible no enternecerse frente a una banalidad encarnada, frente a una pequeña tontería de carne y hueso. Cada vez que me acuerdo de esa foto respingo de ternura dolorida. Mamá no es consciente de lo que hace; quizás nunca lo ha sido; pero por una vez se divierte. Me doy cuenta de que nunca había visto a mi madre divertirse.

La doctora le ha dicho la verdad: tiene alzheimer y —aún peor— el frontal derretido: una demencia. Mamá escucha el diagnóstico y, demente, lo olvida. Mamá escucha el diagnóstico y, astuta y fantasiosa, lo niega. No se resigna. Su fantasía trabaja para salvar la situación y sobrevivir en el Titanic. El olvido es un agujero. Mamá sale activamente del agujero, pero a un mundo que no existe. La fantasía —cómo decirlo— es un gigantesco, trabajosísimo despliegue de acción mental orientado a evitar toda acción. El fantasioso es activo: es un gimnasta que piruetea y cabriolea sin parar para no tocar el suelo. Cansa mucho más proyectar lo que nunca se va a hacer que hacerlo. Mamá es la campeona de la fantasía y ahora, para no afrontar la realidad, hace proezas. Desde luego no es vulgar —porque eso nunca lo ha sido.

Se convence —o trata de convencernos, pues jamás hemos sabido si mamá se engaña a sí misma porque cree en lo que dice o porque cree que ha engañado a sus oyentes— se convence de que la planta tercera de la fundación Matia está poblada de «gente del cine»: directores, actores, guionistas famosos que están allí «luchando contra la vejez». «Ya sabes lo que me ha gustado siempre la gente del cine», me dice, «son tan egocéntricos». Le gusta especialmente una pareja que pasea de la mano. En realidad son madre e hija: una madre aún joven (quizás no llega a los 70) a la que la enfermedad ha dejado impresa una mirada interesante y unos rasgos enérgicos, y que bai-la pasito a pasito con el pelo teñido suavemente de rojo y una bata azul pálida; y una hija alta y rubia, bien plantada, bastante guapa, ataviada con una chaqueta de cuero negro y unos pantalones vaqueros. «Son dos actrices lesbianas», me susurra mi madre, «son muy famosas, aunque ahora no recuerdo cómo se llaman». Cada vez que nos las encontramos insiste en esta idea y las mira con delectación y casi con deseo. El mundo mental «desinhibido» de mi madre bulle de señuelos sexuales; todo deviene sexual o sexualizado a su alrededor; todo lo interpreta en esa clave y siempre a su favor. Cine y sexo se asocian en ese aura de glamour que mamá ha buscado toda su vida, inútilmente, como único posible destino de su fantasía insatisfecha. Es curioso, en todo caso, que siempre haya logrado algún enganche entre esos dos planetas paralelos: el de sus sueños de grandeza y una realidad que suele aplastar a los que sueñan. Mamá ha llegado hasta la demencia sin mojarse bajo el aguacero, despreciando los muros, en los que siempre se ha abierto a su paso una puerta milagrosa. Es increíble que mamá haya sobrevivido con esa cabeza y en este mundo. Con mejor cabeza —ejem— y en un mundo menos hostil, sus hijos sobrevivimos mucho peor. Es verdad que nunca ha sabido ni reconocerla ni disfrutarla —porque no le parecía bastante, porque creía merecer más— pero la vida de mamá ha estado siempre presidida por la buena suerte. Eso es lo que nos fascinaba de ella cuando éramos pequeños y no tan pequeños: casi todas las aventuras que hoy deforma o exagera tuvieron un fundamento real. Sí estuvo con Gadafi, aunque no montó a caballo con él; y es verdad que uno de sus ministros la encerró en una habitación de hotel y trató de acostarse con ella tras cubrirla de regalos. No es cierto que pasara 16 noches de amor con Milosevic, pero sí tuvo un amante yugoslavo en los 80, un serbio alto y guapo, oficial del ejército que era, además, un alto directivo de la radiotelevisión nacional. Nunca David Rockefeller le propuso un menage-a-trois con su mujer, pero en cada paso difícil de su existencia, cuando estaba sin dinero o a punto de sucumbir, aparecía en su vida un banquero o un editor al que seducía —desde la fantasía— y que le recomponía las finanzas y el ego. También ahora en la planta tercera del Titanic. Rodeada de falsos cineastas que escenifican los privilegios de su naufragio, mamá tropieza en el ascensor con un cineasta de verdad. El otro día, cuando llegué al hospital, observé en su cuello una cruz de hueso colgada de una cadena. «Ya te dije que esta planta está llena de gente del cine. Me la regalo ayer un famoso director». Me cuenta que el día anterior había bajado en el ascensor con un hombre alto y joven que la vio muy triste: «¿por qué está tan triste una mujer tan guapa como usted? ¿No tendrá mal de amores?». Y le regaló el colgante con la cruz para que la protegiera de «los malos hombres». La conversación es parcialmente inventada, pero el hecho es cierto. Hay un conocido director de cine vasco que visita a su madre, ingresada en otra planta; probablemente reconoció a la mía (Lolo Rico sigue siendo un mito para toda una generación) y, tras dirigirle algunas palabras llenas de afecto y consideración, le dio la cadena con la cruz. Esa ha sido la constante en la vida de mi madre: todos sus sueños han encontrado algún enganche inesperado en la realidad o se han hecho parcialmente reales. Por desgracia esa materialización inconsecuente, casi milagrosa, a ella siempre le pareció natural y al mismo tiempo insuficiente. Por eso nunca disfrutó de nada. Contra toda lógica, la realidad alimentaba su narcisismo autista, pero moría allí dentro, incapaz de llenar ese inmenso, infinito globo vacío. A medida que ha ido envejeciendo y la realidad le ha hecho menos concesiones, el globo de mi madre no ha dejado de inflarse e inflarse, ahora de aire enrarecido y amargura sin límites. Hasta que la demencia ha conseguido absorber toda la realidad dentro de su fantasía, de manera que no distingue entre las cosas que inventa y las cosas que ocurren. Las dos le dan la razón. Y por primera vez en su vida —al menos a ratos— está contenta.

Su fantasía es fruto de su demencia pero la utiliza contra ella. Vuelve en bucle a Mahmoud y sus penas de amor; se echa a llorar y, de pronto, se recompone y sonríe. «No puedo permitirme estar triste», me dice, «yo estoy aquí para ayudar a los viejos y si me vengo abajo ellos también se vienen abajo». Se ha convencido de que, joven y guapa, ha sido llamada al Titanic para consolar a los ancianos con su carisma y su belleza. Tiene una misión, no una enfermedad. Lo cierto es que ha asumido una especie de liderazgo en esta sociedad paralela en la que todos parecen ir a su bola pero en la que hay lazos empáticos muy fuertes, alianzas y jerarquías pandilleras, y acuerdos, complicidades y reconocimientos «civilizados»: se trata, sí, de otro mundo posible, no de un amontonamiento o yuxtaposición de desórdenes desconectados. Una cosa me llama la atención: mi madre, que siempre ha maltratado a todo el mundo, que sigue maltratando a sus hijos, a las enfermeras y a la cuidadora nocturna, es invariablemente delicada, amable y compasiva con los otros pacientes, a los que, en muchos casos, no reconoce como tales. Son sus compañeros, los primeros que tiene en su vida de ilusoria (y no) grandeza egoísta. Los saluda, les coge la mano, les «sigue la corriente» con una lucidez y astucia impropias de su estado. «Es una buena mujer» o «es un marido ejemplar», me explica con seriedad, ella que nunca ha hablado bien de nadie, ella que siempre ha dividido el mundo en relación con su propia existencia y en dos mitades: esclavos y enemigos. Sus compañeros del Titanic no son ni una cosa ni otra. Mamá tiene amigos por primera vez en su vida; y por primera vez en su vida se porta bien: los quiere y quiere agradarlos y trata, en efecto, de ayudarlos. Son los primeros amigos que tiene y resulta que no tienen nada que decirse; y cuando se dicen algo no se entienden.

Es como si este otro mundo posible, más armónico y a ratos más feliz, se asentase en una «animalidad» que, fruto de la descomposición, conserva ya solo la «idea» de humanidad: es decir, la cenestesia de pertenecer a una misma especie. Los pacientes se reconocen mediante el afecto como humanos igual que dos perros se reconocen por el olor como «perros». Los enfermeros y los doctores no. Esos forman parte de otra raza, de la que se depende, sí, pero frente a la cual «nosotros» —humanos abstractos encarnados— nos volvemos más solidarios e íntimos. «Tenemos que reclamar nuestro premio del bingo», le dice mi madre, a punto de revolucionar el Titanic, a C., su compañera de habitación. C. tiene casi 90 años y es la viejita más bonita, tierna y buena del mundo. Lo único que le ha quedado en el cerebro, una vez se le ha ido todo por el sumidero, es el esquema de la maternidad ideal: una depuración de lo que, mientras tuvo salud, solo fue quizás a medias o de forma incompleta. Nuestras enfermedades mentales se parecen tanto a nosotros mismos que se diría que se limitan a despojarnos de la carrocería —tuneada y coloreada— para sacar a la luz el chasis desnudo. El chasis de mi madre es narcisista, erotómano, cortesano, protagónico. El chasis de C. es abnegado, atento y cuidadoso. La doctora ha reunido con mucho criterio este tandem. Cuando mi madre se enfada, C. deja sus «trabajitos» bajo la ventana (colorea sin parar láminas infantiles), se acerca bai-lan-do a mi madre y le da besitos en la frente y le mete pañuelos de papel en la manga. C. tiene un alzheimer muy avanzado y atesora la imagen, pero no el nombre, de su calle o de sus hijas; y postales revueltas de rostros y acontecimientos: «puedes tutearme», me dice, «después de todo nos conocemos desde chavalines». Le pregunto si su marido sigue vivo y se queda pensativa un rato: «llevo aquí tanto tiempo que no lo sé. Tendré que averiguarlo». Con mi madre, obviamente, no mantiene propiamente una «relación». O sí: mantiene propiamente una relación. Cuando se hablan no se comprenden; se intercambian frases desde mundos paralelos sin pasarelas ni patios comunes. Pero ninguna de las dos se percata de esta incomprensión ni tampoco del estado de la otra. No se reconocen como «enfermas» y, si se hablan sin entenderse ni reparar en este abismo, se quieren locamente. Es la primera vez que para mi madre otra mujer —otra persona— no tiene ningún defecto. Se siente incondicionalmente querida y quiere a su vez sin condiciones ni sombras ni reparos. Por primera vez no se siente amenazada ni disminuida. Quizás es la madre que quiso tener y no tuvo; pero ella a su vez es como la madre buena, tolerante, considerada y generosa que nunca fue. Igual que las niñas juegan a ser madres, ellas son dos madres que juegan a ser dos niñas que juegan a ser la madre buena de la otra. El domingo, cuando dieron a C. el alta, todos lloramos mientras las dos se abrazaban y se besaban, también llorando, para despedirse. Si alguna vez he asistido —así se lo digo a sus hijas— a un «flechazo amoroso» entre iguales es en este caso: amor puro, sin tropiezos ni celos ni susceptibilidades, que mi madre no conoció en su vida y que las dos —C. y ella— ya han olvidado.

Su fantasía demente niega la demencia. ¿Qué hace mamá en el Titanic? Pues resulta que ha sido escogida, junto a otras personas distinguidas por su belleza y su talento, para crear una nueva raza y una nueva sociedad. Lo interesante aquí es la percepción que mi madre tiene de que en ese reducido espacio, con sus vínculos estrechos y extraños, vigilados y atendidos por un cuerpo médico especializado, los enfermos forman una nueva sociedad. Como se trata de mi madre —con su chasis narcisista y sus delirios de grandeza— esa sociedad solo puede ser mejor, es *la mejor*, una especie de aristocracia cuya superioridad conjura su terror a la vejez y desmiente la vejez misma, principio ahora, y no final, de una existencia renovada. La carne arrugada y vencida, las tetas fláccidas, las espaldas dobladas conforman en realidad la crisálida de una mariposa en ciernes; y mi madre, alegre negacionista, hace toda clase de planes para salir volando.

Si ha perdido —o pierde a ratos— el timón, su fantasía misma contiene en el interior, en una especie de sala de máquinas o santuario íntimo, un sujeto astuto que, no pudiendo ya reprimir el delirio, es capaz, en cambio, de distanciarse irónicamente de él. Chochea con finísimo ingenio y sarcástica autocrítica, lo que choca con su inclinación anterior a tomarse siempre en serio y exigir de los demás, sin bromas ni reservas, una adhesión compacta a sus fantasías. Me llama por teléfono y me dice que se va a casar: «las niñas están escandalizadas, ¿a ti qué te parece?». Le pregunto por el nombre del afortunado. «No es Mahmoud. Es R., el policía con el que hablaba por teléfono, ¿te acuerdas?». R. es un ertzaina al que, en las durísimas semanas previas al ingreso, en medio de batallas agotadoras y denuncias policiales, llamaba a las horas más peregrinas, unas veces para denunciar a Mahmoud, otras para pedirle que exigiera a este que fuera a visitarla, siempre para hacerle confidencias amorosas que el otro recibía con paciencia y mansedumbre impropias de su profesión, sostenidas quizás por una cierta mitomanía. «Me ha preguntado si puede venir a visitarme», me dice mamá ahora en una formulación que evoca la de una petición de mano, «y me voy a casar con él». Y sigue: «es que he pensado que si quiero ir un día al cine, en lugar de molestar a las niñas llamo a Roberto y me voy con él; o si no encuentro un libro en mi biblioteca, en lugar de pedirles a las niñas que vengan a casa me lo puede buscar él. ¿No te parece una buena idea?». Me asombra un poco esta preocupación repentina por sus hijas, a las que ha tratado siempre tan mal, y obviamente asiento. «Aunque eso de casarse», añado, «me parece un poco prematuro». Se queda un segundo callada. «Tienes razón, Santi. Soy aún demasiado joven para casarme». Y añade, con una ironía ya incuestionable: «pero no me negarás que es una buena idea esta de olvidar a un delincuente casándome con un policía». Con los ojos llenos de lágrimas —de risa y de ternura— la felicito por su ocurrencia.

Este fogonero astuto alojado en la sala de máquinas de su fantasía le permite a veces remontar de nuevo el vuelo cuando está a punto de recaer en su amargura habitual. La tarde de mi partida comienza a ponerse de mal humor, lo que se traduce, como siempre, en exabruptos y maledicencias. Se niega a pasar la noche con G., la cuidadora hondureña, porque es «gorda y fea» y además «ronca». Todo esto son expresiones realistas, muy ancladas en tierra, de su natural elitismo racista. Nada nuevo. Pero consciente de que no soy muy sensible a estos argumentos, recurre para convencerme a un crimen mucho más grave, elaborado ahora por su pura imaginación. «Eso no es lo peor», dice; «lo peor es que entra todas las noches en el cuarto con un paquete enorme y, mientras yo intento dormir, ella habla con él en voz alta». «¿Cómo con un paquete?», me extraño. «Sí», insiste muy seria mamá, «lleva un niño dentro y habla con él». La idea de la mujer enorme cargando trabajosamente un gigantesco paquete en el que hay un niño escondido, como dentro de un molusco o de una vaina de judía, me parece tan literariamente disparatada —tan centroamericana y garciamarqueciana— que, a pesar de la irritación de mi madre, no puedo contenerme y me echo a reír. Me río tan de buena gana, con carcajadas tan espontáneas y frescas, que mamá se interrumpe, se ensimisma un segundo y enseguida rompe a su vez en una carcajada también atronadora. Se da cuenta de su disparate y se divierte. «De verdad, Santi», dice ahora riéndose, orgullosa de su hallazgo, «es un paquete enorme y lo llama «cariño» y «mi amor»». Este encarrilamiento «literario» —pues la literatura no es otra cosa que un delirio bajo control, con un fogonero en la sala de máquinas— retrasa una hora el estallido de la crisis; o, lo que es lo mismo, el regreso a las fronteras de su carácter.

En el Titanic mi madre tiene un amigo singular. Se llama Á., un hombre flaco o, mejor, enjuto, y al mismo tiempo fibroso y flexible como un junco. Tiene 69 años, el pelo blanco y gafas; y viste un pijama de seda y una bata azul, asimismo de seda, con sus iniciales, que se quita sin parar y retuerce, colgada del brazo, como si fuera una prolongación de su cuerpo, también un poco retorcido. No sé qué enfermedad neurológica padece pero, aparte este ligero encorvamiento, exhibe un nerviosismo incesante que no le permite quedarse quieto y que él justifica como una búsqueda ininterrumpida de algo que ha perdido, le falta o le han quitado. Unas veces es el carnet de identidad, otras la alianza, otras aún la cartera (¡con 500 euros!). O la salida, porque va a perder el último autobús y lo esperan en casa. Y siempre, obsesivamente, dolorosamente, busca a su mujer, que va a verlo siempre que puede pero cuyas ausencias no sabe cómo interpretar. Entra en todas las habitaciones y pregunta por ella; las recorre de un lado a otro, de la puerta a la ventana, y apoya la cabeza, con teatral desesperación, en la pared: «es el colmo, es el colmo». A veces, antes de salir, roba un papel. Sí, A. es cleptómano, pero solo roba papeles: restos de los dibujos de C., servilletas, clínex y tickets de compras abandonados sobre las mesas. Los distrae con gesto maniacal de urraca ladrona y los aprieta en el bolsillo de la bata azul. Siente una particular predilección por mi madre, a la que trata como un caballero —a veces entra solo para mandarle un besito con la mano— y a cuya cariñosa autoridad acude una y otra vez. Porque lo cierto es que mi madre «sigue la corriente» a A. con paciencia y afecto. Mientras que a C. su irrupción inesperada y frecuente («¿habéis visto a mi mujer?») le molesta un poco, quizás por celos, mi madre lo recibe siempre con una sonrisa y una palabra amable. A. le divierte y le cae bien; y se muestra enternecida ante la ansiedad con la que busca a su mujer. Una tarde, después de la cena, entra como un vendaval: «¡es el colmo, es el colmo!». «¿Qué te pasa, A.», le pregunta mi madre. «Pues que en la cama donde tenía que dormir esta noche con mi mujer… ¡hay un hombre!». Y señala sucesivamente las dos camas de la habitación: «así que tendré que dormir ahí». «No, A, no puede ser», le digo yo, «ahí duermen mi madre y C.». Entonces mamá se levanta trabajosamente, lo coge de un brazo y lo acompaña bai-lan-do, sonriente y tranquilizadora, hasta la puerta: «Esto lo vamos a arreglar enseguida. No te preocupes. Faltaría más». Su actitud me parece tan cuerda, tan sabia, tan perspicaz, de una solidaridad tan avisada, que por un momento se me olvida que también mi madre está perdiendo la cabeza y, cuando regresa a su sillón, tras rescatar a A. de su zozobra, le pregunto con complicidad: «Pero oye, mamá, este A., ¿qué tendrá?». La respuesta de mi madre es perpleja y tajante: «¿A.? Nada. ¿Qué va a tener? El es un acompañante. Es su mujer la que está ingresada. Se ha roto un brazo y, claro, cada vez que se la llevan a hacer una prueba, A. se preocupa por ella». Y con aplomo de admiración moral añade sentenciosa: «¡Es un modelo de marido fiel!». En su laborioso —y literario— negacionismo fantasioso, mi madre invierte los papeles paciente-enfermo, considera enteramente normal la actitud de A. y atribuye su malestar a una expresión exagerada de virtud conyugal.

De niña y de joven mi madre dibujaba muy bien y en algún momento incluso coqueteó con la idea de tomar clases de pintura. Recuerdo algunos dibujos suyos de mujeres estilizadas, de piernas largas y talles finos, luciendo modelos y sombreros muy elegantes que ella misma diseñaba. Ahora en el hospital disfruta —como una turista en un viaje organizado— con las actividades que escanden las jornadas del Titanic: mucho con la gimnasia, menos con el bingo o la lectura, sobre todo con la hora de dibujo. Ha empezado a hacer retratos a lápiz de sus compañeros de naufragio. El primero tuvo tanto éxito que los otros náufragos le pidieron también uno. Son buenísimos. Entre tenebristas e irónicos, tienen una sorprendente profundidad; no son trágicos, pero sí inquietantes y perspicaces; y dicen mucho de la sensibilidad artística de mi madre, reprimida paradójicamente durante años por su fantasía. Ahora la demencia libera —recuerdo algunos casos descritos por Sacks— un realismo preciso y oscuro, un gran talento para la mirada escueta y sin velos. Todos la animamos a completar la galería y a añadir un autorretrato. No se trata solo de que dibujar la entretenga más que cualquier otra actividad —cuando el aburrimiento es un riesgo mayor— sino de que el resultado tiene valor en sí mismo. Sus retratos son más interesantes y verdaderos que las personas retratadas; y todos sentimos curiosidad por saber qué contienen esas cáscaras ya apenas habitadas, esas cortezas talladas con rostros humanos. Mamá siente un orgullo muy sincero y muy infantil cuando la elogiamos. También ese orgullo es distinto, como si no formara ya parte de su carácter; no es ansiedad narcisista de gloria y reconocimiento; solo ingenua satisfacción, y hasta sorpresa, de ese trabajito tan bien hecho.

Aunque su enfermedad se parece mucho a ella misma, aunque su enfermedad —más aún— es ella misma sin adornos ni adherencias, reducida al puro chasis desnudo, el hecho de no poder ya juzgarla ni psicológica ni moralmente convierte este «ella misma» en un fenómeno natural compuesto de dos estaciones «meteorológicas»: la de su fantasía desinhibida en los momentos —digamos— maniacales y la de su carácter sin bridas en los momentos depresivos. Su fantasía riquísima está llena sobre todo de hombres, hombres inventados, hombres malogrados, hombres deseados, hombres perdidos, hombres aún posibles. Mahmoud sigue enganchado en ella, como una garrapata que la desangra en la depresión, pero va perdiendo presencia y, sobre todo, actividad negativa. Por error o por fabulación narrativa, se manda a sí misma mensajes de móvil que combinan aleatoriamente las letras del teclado y se hace creer —y quiere hacernos creer— que son misivas cifradas, malintencionadas, provocativas de Mahmoud, lo que le permite mantener y sincopar este anclaje «amoroso» mediante dudas expresadas en voz alta hasta el agotamiento: «¿Qué querrán decir esas letras? Seguro que tienen un significado oculto» y «Mejor no contestar nada, ¿verdad, Santi?». Cuando yo mismo recibo un mensaje de este tipo y le demuestro que me ha sido mandado desde su teléfono, se niega a aceptar la evidencia. Necesita aún —a la espera de que lo desplace un objeto más interesante— una funcional «intriga amorosa» que atraviese y tense su conversación, pero Mahmoud, cuyo nombre recuerda mal, se parece cada vez más en su cabeza a lo que realmente ha sido: un delincuente sin escrúpulos que ha acosado y robado a una vieja loca. Así que explora otras opciones. Una tarde, cuando bajamos a la cafetería, me indica a un hombre barbudo sentado en un sillón: «Mira, Santi, ¡es Miguel Ángel Pacheco!». El tipo en cuestión no tiene más de 35 años. «Pero mamá», le digo, «si es jovencísimo». Ningún dato empírico arredra a su fantasía, dotada de muchos más recursos que la realidad misma. «Claro, bobo», responde, «es que se ha hecho un lifting». Se pone a recordar con ambigua y astuta nostalgia su relación de hace treinta años con Miguel Ángel, al que compara con Mahmoud, y tanto insiste, entre la travesura y la esperanza, en que el joven del bar es sin lugar a dudas su antiguo amante que acabo abordándolo y preguntándole su nombre. «Me llamo Maximiliano», dice con claro acento rioplatense, «y soy argentino». Cuando se lo cuento, mamá me desprecia con un gesto de jocoso fastidio. «Mira que eres tonto», me dice, «¿No te acuerdas de lo malo que era Miguel Ángel? Se está haciendo pasar por un argentino más joven que él». La historia sigue en los días sucesivos. El miércoles el hombre de barba sigue siendo Miguel Ángel, se lo tropieza en la cafetería y hablan largamente: resulta —me dice por teléfono— que está ingresado en el mismo hospital; se trata de «ese hombre del que hace unos días hablaban todos los periódicos, ¿te acuerdas?, el que sufrió un infarto y se despertó entre enfermeras sin saber quién era ni dónde estaba». Se han intercambiado los teléfonos y han quedado en verse, pues mi madre está muy interesada en pedirle consejo sobre su historia con Mahmoud: «tú que has sido el más grande seductor del mundo», me dice que le ha dicho, «seguro que puedes ayudarme». El jueves, sin embargo, repara en su error. «Tenías razón», me concede, «no es Miguel Ángel». Mamá es joven y ambiciosa. Su alcahueta fantasía le ha buscado un partido mejor: «Es el director de cine que me dio la cruz, que se ha dejado barba. Me ha dicho que soy la mujer más bella que ha conocido y quiere salir conmigo».

Mi madre ha perdido la cabeza no porque se crea sus propias fantasías sino porque no las reprime; y porque las entromete sin vergüenza en la realidad que las niega. Esa es la sonrisita de superioridad traviesa que se ha instalado en su cara y que tanto me enternece en sus fotos (también porque la vejez la ha asimilado físicamente, como si fuera su calco, a la persona que menos le gustó y a la que nunca quiso parecerse: su madre, mi abuela, ogresa insoportable y, al mismo tiempo, conmovedora). Esa sonrisita maliciosa y juguetona es precisamente la distancia —o desajuste— entre lo que dice y lo que sabe, entre la fantasía desvergonzada y el placer semiconsciente que le produce liberarla en el mundo. Es ironía. Mamá, que nunca se divirtió, se divierte. Mamá, que nunca tuvo sentido del humor, se ha vuelto una gran humorista.

Junto a la estación metereológica llamada «fantasía», mi madre a veces recae —por las tardes sobre todo y más aún los domingos— en el otro clima: la depresión agresiva. Es su carácter, también ahora desinhibido, desplegado en todo su áspero esplendor, puesto a hervir como un bullicio de lava. Si su fantasía está poblada de hombres, su carácter está vacío de mundo. Nunca ha reconocido el mundo —como la ONU no reconoce a Palestina o a Catalunya— salvo en la forma de estorbo u hostilidad: mundo es lo que no puede deglutir su narcisismo. O mejor dicho: considera voluntariamente hostil todo lo que del mundo escapa al poder inmenso de sus sueños. El mundo ha sido siempre a sus ojos una voluntad negativa que, a medida que ella ha envejecido, ha ido creciendo a expensas de su dominio mágico-neurótico del universo. Mientras era joven, bella y seductora, todo parecía plegarse a sus deseos; y sus caprichos míticos, sus chantajes emocionales y sus exabruptos a camareros y asistentas, proporcionales a sus magnanimidades de reina, conferían una grandeza extravagante a su personalidad. Parecían «personalidad» y no «carácter». Luego, cada vez más aislada, menos requerida y admirada, frustrada y despechada, su carácter se fue apoderando de su personalidad y, chocando contra un mundo agigantado que la ignoraba, se volvió pura rabia y amargura feroz. Ahora la demencia le proporciona otra personalidad, atemperada y traviesa, salvo algunas tardes —y aún más los domingos— en que su carácter toma su cuerpo de nuevo. Cuando fantasea es buena, graciosa y feliz; cuando está lúcida es desgraciada y malvada. Los diez días que estuve cuidándola en casa, antes de su ingreso en el hospital, fueron la versión mayúscula, intensa y concentrada, de estas réplicas sísmicas que ahora anuncian quizás un apaciguamiento —y una extinción—. La tarde de mi partida, tras el cuento de G. y su paquete, va resbalando pendiente abajo hacia sí misma. Cuando le sirven la cena, una ensalada sin aceite y una tortilla francesa catalizan y precipitan su estallido. Insulta a las enfermeras y arremete contra sus hijos: «¡yo estuve hasta el último día llevándole croquetas a vuestra abuela al hospital y vosotros me dejáis a mí sin cenar!». Síntoma de su enfermedad, devora sin freno y sin horarios toda clase de alimentos, mezclando sin criterio lo dulce y lo salado, de manera que ha engordado muchísimo, aquilatando así aún más el parecido con su madre, la Gran Ogresa, a la que trató fatal y a la que jamás llevó croquetas al hospital; pero por eso mismo cualquier contrariedad alimenticia, y más en un momento depresivo, la saca de quicio. Se niega a tomar las medicinas, bai-la y bai-la por la habitación mordiéndose el puño, despotrica contra la doctora y exige que la saque de allí inmediatamente. Cuando consigo calmarla un poco, proponiéndole que se acueste para leerle en voz alta las páginas de un libro, ocurre la catástrofe: ha desaparecido su pijama. ¡Ha desaparecido toda su ropa de noche, que yo le había colgado el día anterior en el armario! Doy parte a las enfermeras, girando agotado en un círculo cada vez más angosto, y trato de ponerle a mi madre una camisa. Las rechaza todas mientras me dice que «la imbécil esa» —refiriéndose a G.— se había llevado por la mañana su pijama para lavarlo. Como nunca sé si mi madre recuerda o delira, tomo con reservas esta explicación. Y en todo caso, ¿dónde está la ropa restante, el otro pijama y sus dos camisones? Todo se aclara cuando llega G. a las 21 h. con todas las prendas, lavadas y dobladas, lo que —se entiende— no solo no calma sino que multiplica exponencialmente la cólera de mi madre. No deja que G. la ayude a ponerse el camisón negro y la insulta cada vez que se acerca para tocarla; en lugar de aceptar que ha engordado, acusa a la pobre mujer, que lo ha lavado a mano y con agua fría, de haberle destrozado su camisón de seda. Le ponemos y le quitamos distintas prendas hasta que se resigna, vibrante de ira, al camisón beige. Yo la regaño, la chantajeo, la mimo con paciencia infinita y salgo del hospital sin luz en el alma, desecho en jirones por esta energía negativa descomunal. Solo hay una fuerza más grande, poderosa y oscura que la Historia y es el psiquismo humano, donde desaparecen todas las estrellas del cosmos. Cuando mi madre es ella misma chupa en poco segundos todas las ganas de vivir de los cuerpos circundantes; su carácter seca mares, extingue especies y tala selvas. Su frente ceñuda, sin rastro de ironía ni humorismo, es el cenicero del sol.

¿Cuál es la verdadera mamá? ¿La que, ayudada por la medicación y las rutinas sociales del hospital, fantasea con ironía maliciosa o la que entenebrece el mundo con su narcisismo contrariado? ¿Su nueva personalidad o su viejo carácter? Elijamos la que podamos querer. Quererla es desmentir un poco también nuestro carácter y la amenaza de esa asimilación fatal, física y psicológica, a la que ella ya ha sucumbido. El amor es el único posible desmentido del destino familiar. Los hijos repiten a los padres hasta que uno de ellos se niega a seguir pedaleando, dentro de la rueda, la misma historia. Me salvaré de la nariz Lite con un simple no. Esa negativa es una afirmación: la inconsecuencia, la incoherencia del perdón amoroso o del amor misericordioso. Por lo demás, no hace falta un gran esfuerzo. Apoyándose en su enfermedad y en los fármacos que la combaten, mi madre se ha sacado de dentro otra madre; ha *evolucionado* hacia una nueva infancia llena de travesuras, astucias a contrapelo y locuras humorísticas que la vuelven inmediatamente querible. Todo el mundo tiene derecho a cambiar. Su carácter atroz, que tanto daño nos ha hecho, desaparecerá antes que su cuerpo. Ese cuerpo, que no es bonito, tampoco es ya casi dañino. Es un pequeño rinoceronte, una mascota rara y rugosa. ¿Por qué no aceptar, y hasta celebrar, que mamá se esté convirtiendo con la edad y la demencia en una mascota rara a la que hay que cuidar?

Mi madre fue realmente bella. Ahora su cuerpo, hinchado y arrugado, a un tiempo globoso y escurrido y que parece por eso desinflarse, está viejo, usado, lleno de verrugas y huele a pis. No tiene dientes. Bai-la muy despacio, dando pasitos geológicos, con una mano en mi mano y la otra en un bastón. Ni su descuido ni su coquetería son hermosos a la vista. Su belleza, que tardó 20 años en formarse y 40 luego en desmoronarse, se ha anulado solita ante nuestros ojos, deshaciendo todo asidero para un recuerdo luminoso. Los viejos dan pena de lejos y asco de cerca. Salvo porque no nos acercamos nunca lo bastante. Nosotros somos sus hijos y estamos obligados a hacerlo; y si, porque es nuestra madre, su sexualidad desinhibida nos perturba, su fragilidad al mismo tiempo no nos deja escapatoria. Hay que tocarla, ponerle los calcetines, cambiarle las bragas. Estar constantemente pendiente de otro cuerpo es peligroso; a partir de un cierto momento, absorbida tu vida en esa otra vida, desaparecido el mundo exterior, esa atención corporal se vuelve necesaria y puede acabar siendo un vicio. Hay algo no solo precioso sino vicioso en esto de cuidar y, en efecto, un poco por pereza, un poco por perversión, o por desesperación, me entran de pronto las ganas de dejarlo todo —mi trabajo, Ana, mis hijos— y dedicar mi existencia entera a cuidar de esa mascota rara en la que se ha convertido mi madre. Su cuerpo es tan simple, tan evidente, tan material, tan absorbente; es, si se quiere, tan ergonómico en relación con la sensibilidad que parece colmar todas mis ambiciones, sin reservas ni resquicios. Su cuerpo lo decide todo por mí. No me apetece salir del hospital —y mucho menos escribir o leer o follar— y descubrir esta dependencia me horroriza. Pero también me gusta: me alivia saber que mis cuidados la construyen como madre igual que los cuidados de las madres construyen los cuerpos de los niños. Es mi madre porque la cuido y, a fuerza de cuidarla, me acaba pareciendo que incluso lo merece.

Hay algo, sin embargo, que me desazona seriamente. Su cuerpo es tan ergonómico en relación con el mío, ahora completamente subsidiario, que se apodera de mí. A fuerza de rimar —y ritmar— mi cuerpo con el suyo, de caminar a su paso, de tirar de su conversación, de seguir sus manos mientras come, ya no puedo quitármela de encima. No solo me ha contagiado su desmemoria —«me voy a tener que quedar aquí contigo o en tu lugar», le digo riéndome— sino que me ha literalmente poseído. Su gestualidad de mascota rara se ha impreso de tal manera en mi carne que luego, fuera del hospital, en casa de María o en el tren, tardo horas y horas en sacudirme —y sacudirme— su cuerpo: camino como ella, toso y hablo igual que ella, como con la misma voracidad minuciosa, me levanto del asiento con idéntica dificultad. Tengo la sensación de estar imitándola y me sorprende —pero agradezco— que mis hermanas no me digan nada. Es una experiencia casi parapsicológica de abducción corporal. Los cuerpos se pegan. Se pegan los de los amantes, que acaban confundiéndose entre sí, pero se pegan aún más los de los enfermos y los viejos, y más si tienen detrás una historia común. Me impresiona mucho toser con su tos y coger el pan con sus dedos. Cuidar a mamá me ha envejecido mucho, pero no como consecuencia del desgaste físico sino de una mímesis total en la que su cuerpo gastado, con sus almas fantasiosa y depresiva dentro, es mucho más fuerte que el mío. He envejecido sencillamente porque, a fuerza de estar a su lado dibujando sus gestos con la mirada y con las manos, siguiendo sus meandros lentos y secos, me he vuelto ella, que es vieja y está volviéndose loca. Yo no le puedo dar mi relativa juventud; es ella quien me da su absoluta decrepitud. Es horrible. Es también normal y hasta un poco milagroso. Es lo que pasa con los cuerpos. Los niños nos dan energías, los viejos nos las quitan. Por eso es más fácil escapar de un niño, y ello con las fuerzas que él mismo nos da, que escapar de un viejo, que nos quita todas las fuerzas. Es inútil huir, como lo prueba el caso de mi madre, pues solo se puede huir en una dirección, la misma que queremos evitar; pero si huir es inútil, entonces es mejor ceder, abrir las ventanas, amar un poco. Ojalá mi madre, culpable superviviente, inocente supervivencia, se siga dejando. Maldito rayo que no la partió en dos; bendita demencia que la ha vuelto buena, graciosa, humorística; bendita demencia que nos permite volver a quererla.

Escribo estas líneas, curiosamente, escuchando una música que hace treinta y cinco años me prohibí escuchar de nuevo: los Nocturnos de Chopin, que mamá nos ponía de niños en el pasillo, tras apagar las luces, y que yo asoció con mis primeros insomnios. Quizás es buena señal: señal de que a los 57 años por fin estoy saliendo de la infancia. Demasiado tarde para la juventud, es verdad, pero a lo mejor no tanto para empezar a dormir, si no bien, al menos sin malos sueños.

(Octubre, 2017)

ÍNDICE

Esta primera edición de *Caídas* se acabó de imprimir
el 21 de septiembre de 2024, la misma fecha
del nacimiento de Luis Cernuda,
hace 122 años.